Weihnachtliche Faltideen

Falten mit Papier begeistert kleine und große Bastler. Es ist ein riesiger Spaß, wenn aus einem einfachen Stück Papier durch wenige Knicke eine lustige Figur entsteht. Kaum zu glauben, was schon mit ein paar Faltungen alles möglich ist.

Besonders die Weihnachtszeit ist eine beliebte Bastelzeit. Was ist jetzt schöner, als mit den Kindern gemeinsam am Tisch zu sitzen und zu basteln? Wie wäre es mit leuchtenden Faltsternen fürs Fenster, einem niedlichen Engel oder rot-weißen Weihnachtswichteln? Lassen Sie sich von den Ideen in diesem Buch inspirieren!

Viel Spaß beim Knicken und Falten und eine schöne Weihnachtszeit wünscht Ihnen

Die Motive lassen sich in folgende Schwierigkeitsgrade unterteilen:

● ○ ○ einfach ● ● ○ etwas schwieriger ● ● ● anspruchsvoll

MATERIAL

- Transparentpapier
- dünner Karton für Schablonen
- Bleistift, Anspitzer, Radiergummi
- Schere, evtl. Cutter mit Schneideunterlage
- Geodreieck®
- Pinzette
- Seitenschneider (Chenilledraht abschneiden)
- Buntstifte in verschiedenen Farben
- UHU Alleskleber kraft
- Vorstechnadel
- Filzstifte in Rot und Schwarz

So wird's gemacht

Vorlagen übertragen

Am einfachsten lassen sich Vorlagen mit Schablonen übertragen. Dazu das Motiv entweder mit Bleistift (und bei geraden Linien mit dem Lineal) auf Transparentpapier oder Butterbrotpapier abpausen oder mit dem Fotokopierer kopieren. Das Motiv grob ausschneiden und auf einen Kartonrest kleben. Nun das Motiv exakt mit Schere oder Cutter ausschneiden. Die Schablone auf das gewünschte Papier legen, mit Bleistift umfahren und das Motiv exakt ausschneiden.

Exaktes Falten

Für exaktes Falten empfiehlt es sich, mit einem Falzbein zu arbeiten. Durch die besondere Form und den abgestimmten Härtegrad dieses preiswerten Werkzeugs gelingt das Falten leichter und es bleiben keine glänzenden Stellen auf dem Papier zurück.

Berg- und Talfalte

Grundsätzlich kann man ein Stück Papier in zwei verschiedene Richtungen falten. Legt man das gefaltete Papier dann auf den Tisch, sieht man, wo eine Bergfalte und wo eine Talfalte entstanden ist:
Die Bergfalte ist oben, zu ihren Seiten geht das Papier nach unten.
Die Talfalte ist unten, zu ihren Seiten geht das Papier nach oben.

Bergfalte

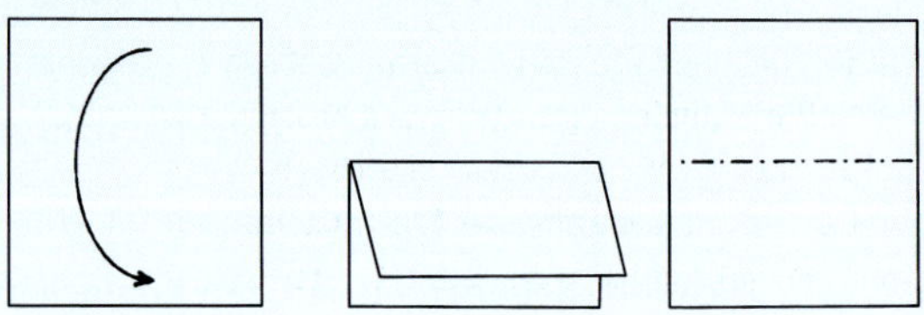

Talfalte

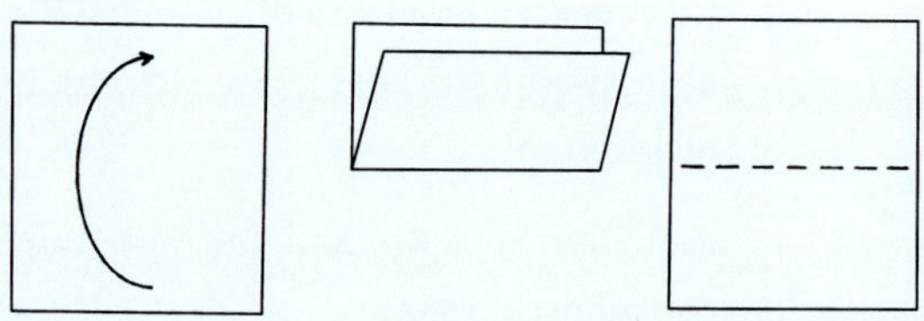

Hexentreppen

Die Enden von zwei gleich langen und gleich breiten Papierstreifen rechtwinklig aufeinander kleben. Nun den unten liegenden Streifen (hier weiß) über den oberen falten. Der Streifen, der anfangs oben lag (hier rot), liegt nun seinerseits unten und wird über den jetzt oberen Streifen gefaltet. So fortfahren, bis die Hexentreppe die gewünschte Länge erreicht hat. Bei den Arbeitsschritten wird die Länge der gefalteten Hexentreppe nicht in Zentimetern angegeben, sondern es werden die Zacken auf der linken und der rechten Seite der Hexentreppe gezählt. Die überstehenden Streifenenden abschneiden. Damit sich die Hexentreppe nicht löst, je nach Motiv den letzten oder vorletzten Faltabschnitt ankleben.

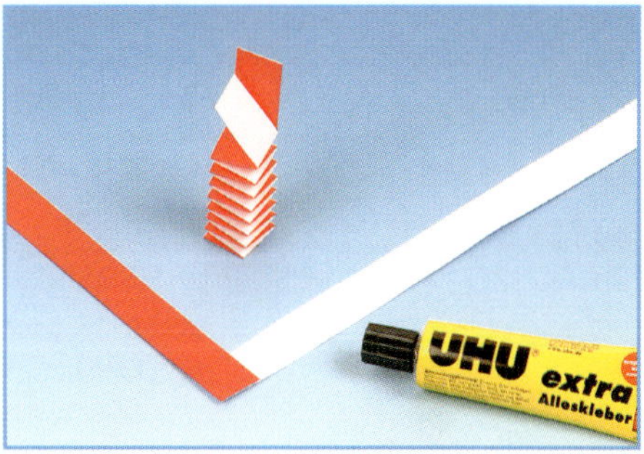

Achtung: **Die Hexentreppe bleibt nicht so eng gefaltet wie am Anfang – sie kann sich nach einigen Tagen, je nach Papierart, bis auf die doppelte Länge dehnen. Wundern Sie sich deshalb nicht, wenn Ihnen bei manchen Motiven der Rumpf etwas zu kurz vorkommt. Nach einigen Tagen „wächst“ er auf die richtige Länge.**

Fächerfaltung

Fächer lassen sich leicht und gleichmäßig falten, wenn das Papier vorher an den Faltlinien angeritzt wurde. Dazu das Papierrechteck bzw. die entsprechende Papierform in Längsrichtung mit einer leichten Bleistiftlinie in der Mitte halbieren. An dieser Bleistiftlinie im gleichmäßigen Abstand, z. B. von 1 cm, kleine Markierungen aufzeichnen. Nun mit Geodreieck® und Cutter das Papier im Abstand von 1 cm leicht anritzen. Die Bleistiftspuren ausradieren und den Fächer falten.

Schneeflocken

→ bezaubernd zart

MOTIVHÖHE
ca. 6 cm

MATERIAL PRO SCHNEEFLOCKE

- Kopierpapier in Weiß, A4
- Wattekugel, ø 2 cm
- Chenilledraht in Weiß, 2 x 3 cm lang
- Nylonfaden in Weiß, 40 cm lang
- Acrylfarbe in Hautfarbe
- Pinsel

VORLAGENHEFT SEITE 1

1 Die Wattekugel hautfarben bemalen. Anschließend mit Bleistift und einem gespitzten hellbraunen Buntstift das Gesicht aufzeichnen (die Öffnung in der Kugel zeigt nach oben). Den Schneekristall von der Vorlage auf das Papier übertragen (siehe S. 2) und ausschneiden.

2 In die Mitte des Schneekristalls mit der Vorstechnadel ein Loch stechen. Den Nylonfaden etwa 1 cm tief in die Öffnung der Wattekugel einführen und mit Klebstoff fixieren. Den Schneekristall auf den Nylonfaden fädeln und auf den Kopf kleben.

3 Aus zwei Papierstreifen, 2 cm breit und 30 cm lang, eine Hexentreppe falten (siehe S. 3). Den ersten und den letzten Faltabschnitt ankleben. Den Kopf auf der Hexentreppe anbringen und die zwei Chenilledrahtstücke als Arme ankleben.

Fächerengel

→ mit goldenen Flügeln

MOTIVHÖHE
ca. 15 cm

MATERIAL PRO ENGEL

- Tonpapier oder Schreibpapier in Weiß, A4
- Crushpapierrest mit Metalliceffekt in Dunkelgelb
- Wattekugel oder Rohholzperle, ø 2 cm
- Flowerhair in Silber
- Silberdraht, ø 0,4 mm, 20 cm lang
- Malglitter in Gold
- Acrylfarbe in Hautfarbe
- Pinsel

VORLAGENHEFT SEITE 1

1 Die Wattekugel hautfarben bemalen und anschließend mit Bleistift und einem gespitzten hellbraunen Buntstift das Gesicht aufzeichnen (die Öffnung in der Kugel zeigt nach oben). Die Flügel von der Vorlage auf Crushpapier übertragen und ausschneiden. Aus dem weißen Papier ein 14 cm x 8 cm großes Rechteck und vier 20 cm lange und 1 cm breite Streifen zuschneiden.

2 Für das Kleid das Papierrechteck 13 Mal im Abstand von 1 cm abwechselnd nach vorne und nach hinten falten (siehe „Fächerfaltung", S. 3). Den Fächer wieder öffnen und sparsam etwas Malglitter auftragen, da sich vor allem das dünne Schreibpapier ansonsten wellt. Trocknen lassen.

3 Den Fächer wieder zusammenfalten und an einem Ende 5 mm vom Rand entfernt mit der Vorstechnadel ein Loch durchstechen. Dabei zunächst nur drei oder vier Schichten durchstechen, dann zwei weitere Schichten dazunehmen usw., bis alle Schichten durchbohrt sind. Nun den Silberdraht durch die Löcher ziehen.

4 Für die Arme aus den Papierstreifen zwei Hexentreppen falten. Dabei am Anfang die Streifenenden nicht aufeinander kleben, da der erste Faltabschnitt später 5 mm vom Rand entfernt durchstochen wird, damit er auf den Draht am Kleid aufgefädelt werden kann. Erst den zweiten Faltabschnitt ankleben, damit die Hexentreppe nicht aufgeht. Am anderen Ende ebenfalls den vorletzten Faltabschnitt ankleben, den letzten Faltabschnitt (Hand) mit der Schere abrunden.

5 Die Arme auf die beiden Drahtenden des Kleides auffädeln, dann die Drahtenden direkt über dem Kleiderkragen zweimal miteinander verdrehen. Die Drahtenden durch den Kopf ziehen, etwas Flowerhair dazwischen legen und nochmals die Drahtenden miteinander verdrehen. Die Flügel von hinten am Engel anbringen.

Elch- und Rentierkopf

→ tierisch weihnachtlich

MOTIVHÖHE
Elchkopf ca. 12 cm
Rentierkopf ca. 12 cm

MATERIAL ELCHKOPF
- Papierquadrat in Goldgelb, 15 cm x 15 cm
- Tonpapierrest in Rotbraun
- 2 Wackelaugen, ø 1 cm
- Filzstift in Braun

RENTIERKOPF
- Papierquadrat in Braun oder Goldgelb, 15 cm x 15 cm
- Tonpapierrest in Braun bzw. Alukartonrest in Silber
- 2 Wackelaugen, ø 1 cm
- ggf. Filzstift in Braun

VORLAGEN-HEFT SEITE 2-4

Elchkopf

1 Das Papierquadrat diagonal falten, wieder öffnen, um 90° drehen und erneut diagonal falten (Zeichnungen 1 und 2).

2 Einen 1 cm breiten Streifen des Dreiecks an der gestrichelten Linie nach unten falten (Zeichnungen 3 und 4).

3 Zuerst die rechte Spitze (Zeichnung 5) und dann die rechte Seite an der gestrichelten Linie nach links falten (Zeichnung 6).

4 Nun die Spitze an der gestrichelten Linie (liegt genau auf der Mittellinie) wieder nach rechts falten (Zeichnungen 7 und 8).

5 Die linke Kopfhälfte ebenso falten. Dann die untere Kopfspitze als Kinn an der gestrichelten Linie nach oben falten (Zeichnungen 9 und 10). Den Kopf wenden (Zeichnung 11).

6 Das Geweih von der Vorlage auf Tonpapier übertragen, ausschneiden und hinter den Kopf kleben. Die Wackelaugen anbringen und die Nüstern mit Filzstift aufmalen.

Rentierkopf

1 Das Papierquadrat wie in Schritt 1 und 2 beim Elchkopf beschrieben falten, allerdings den oberen Streifen etwas breiter nach unten falten (Zeichnungen 1, 2, 3 und 4). Dann die untere Spitze nach oben falten (Zeichnung 5).

2 Die rechte Seite an der gestrichelten Linie nach links falten (Zeichnung 6). Anschließend die rechte obere Ecke an der gestrichelten Linie nach innen knicken (Zeichnung 7) und die rechte Seite an der gestrichelten Linie wieder nach außen falten (Zeichnung 8).

3 Nun die Spitze nehmen und an der gestrichelten Linie nach innen falten, sodass das Ohr entsteht (Zeichnungen 9 und 10). Die linke Seite ebenso falten und den Kopf wenden (Zeichnungen 11 und 12).

4 Das Geweih von der Vorlage auf das Tonpapier bzw. den Alukarton übertragen, ausschneiden und hinter den Kopf kleben. Die Wackelaugen anbringen und die Nase mit Filzstift aufmalen oder aus Alukarton ausschneiden (Halbkreis mit ø 2 cm) und aufkleben.

Weihnachtswichtel

→ Tomte & Co.

MOTIVHÖHE
ca. 36 cm

MATERIAL
- 3 zweifarbige Papierquadrate in Rot-Weiß, 15 cm x 15 cm
- Lackmalstift in Weiß

VORLAGENHEFT SEITE 5

1 Für den Kopf das erste Papierquadrat nehmen (die weiße Seite liegt oben), diagonal falten und wieder öffnen (Zeichnung 1).

2 Die beiden Seiten zur Mitte falten (Zeichnung 2) und die untere Spitze für das Kinn an der Strichpunktlinie nach hinten knicken (Zeichnungen 3 und 4). Die Seiten ebenfalls an der Strichpunktlinie nach hinten falten (Zeichnungen 5 und 6).

3 Für den Körper das zweite Papierquadrat nehmen (die rote Seite liegt oben) und die beiden Seiten als Arme nach innen falten (Zeichnung 7). Nun die untere Spitze an der Strichpunktlinie nach hinten falten (Zeichnungen 8 und 9).

4 Für die Füße das dritte Papierquadrat nehmen (die rote Seite liegt oben) und diagonal falten (Zeichnung 10). Dann die Spitze an den gestrichelten Linien zuerst nach unten und dann nach oben falten (Zeichnungen 11,12 und 13).

5 Mit Filzstiften und Lackmalstift das Gesicht und das Muster aufmalen. Zuletzt die drei Teile mit Klebstoff zusammenfügen.

Plastische Tannen

→ echte Faltklassiker

MOTIVHÖHE
ca. 9,5 cm

MATERIAL
- Papierquadrate in Dunkelgrün gemustert, je einmal 5 cm x 5 cm, 7 cm x 7 cm, 9 cm x 9 cm und 11 cm x 11 cm

VORLAGEN-HEFT SEITE 10

1 Jedes Blatt wie folgt falten: Das Papierquadrat diagonal falten, öffnen, um 90° drehen, erneut diagonal falten und wieder öffnen (Zeichnung 1).

2 Das Blatt wenden, an den gestrichelten Linien jeweils zur Hälfte falten und wieder öffnen (Zeichnung 2).

3 Die diagonalen Strichpunktlinien sind Bergfalten und die gestrichelten Linien sind Talfalten (siehe S. 2). Das Quadrat an den mit Pfeilen markierten Stellen zur Mitte zusammenschieben, sodass sich ein Tannenabschnitt ergibt (Zeichnungen 3 und 4).

4 Die vier unterschiedlich großen Tannenabschnitte (Module) ineinander kleben.

Tipp: Die Faltanleitung für den lustigen Weihnachtsmann finden Sie auf Seite 17.

Origami-Sterne

→ himmlisch

MOTIVHÖHE
Stern in Gelb ca. 20 cm

Stern in Orange
ca. 20 cm

MATERIAL PRO STERN

- Origamifaltpapier in Gelb-Orange, 8 x 10 cm x 10 cm

VORLAGEN-HEFT SEITE 6/7

Stern in Gelb

1 Ein Papierquadrat mit der orangefarbenen Seite nach oben hinlegen, diagonal falten und wieder öffnen (Zeichnung 1). Dann die Seiten zur Mittellinie falten (Zeichnungen 2 und 3).

2 Die Seiten erneut zur Mittellinie falten (Zeichnungen 4 und 5). Anschließend die beiden innen liegenden Ecken an den gestrichelten Linien schräg nach außen falten (Zeichnungen 6 und 7).

3 Die restlichen sieben Papierquadrate ebenso falten. Dann die Sternzacken an den stumpfen Enden zusammenfügen. Dazu jeweils eine Hälfte der stumpfen Zacke auf der Rückseite mit Klebstoff bestreichen und auf die Hälfte der folgenden Sternenzacke kleben (siehe Schrittfoto).

Stern in Orange

1 Ein Papierquadrat mit der gelben Seite nach oben hinlegen, diagonal falten und wieder öffnen. Dann die Seiten bis zur Mittellinie falten (Zeichnungen 1, 2 und 3).

2 Die beiden innen liegenden Ecken an den gestrichelten Linien nach außen falten (Zeichnungen 4 und 5). Anschließend die untere Spitze nach oben falten und wieder öffnen (Zeichnung 6).

3 Zuletzt die beiden Seiten an den gestrichelten Linien zur Mitte falten (Zeichnungen 7 und 8).

4 Die restlichen sieben Papierquadrate ebenso falten. Dann vier Zacken als Viererstern auf den Tisch legen und die restlichen vier Zacken versetzt zwischen die ersten kleben (siehe Schrittfoto).

Weihnachtsmann

→ schlicht und schön

Schneeflocken

Seite 4/5

Fächerengel

Seite 6

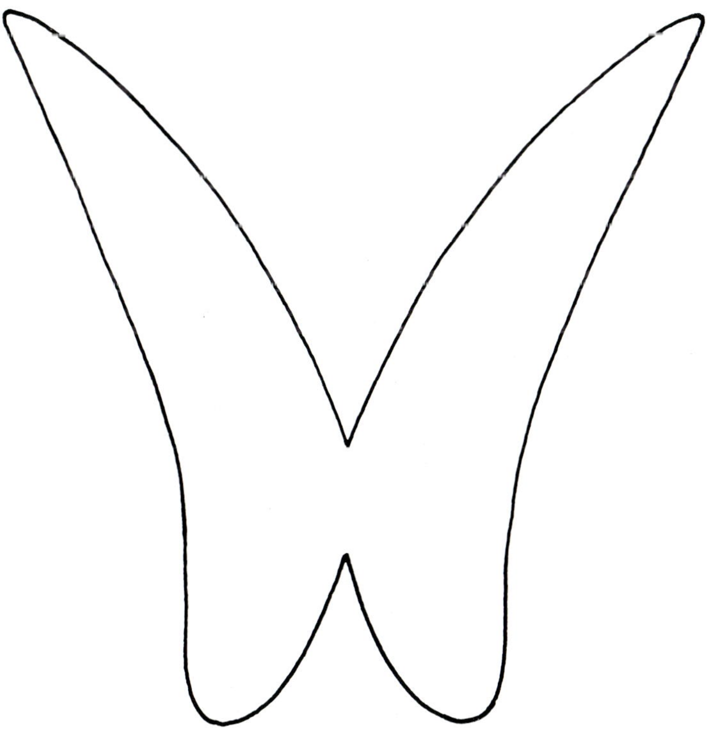

Elch- und Rentierkopf

RENTIERKOPF

Seite 9

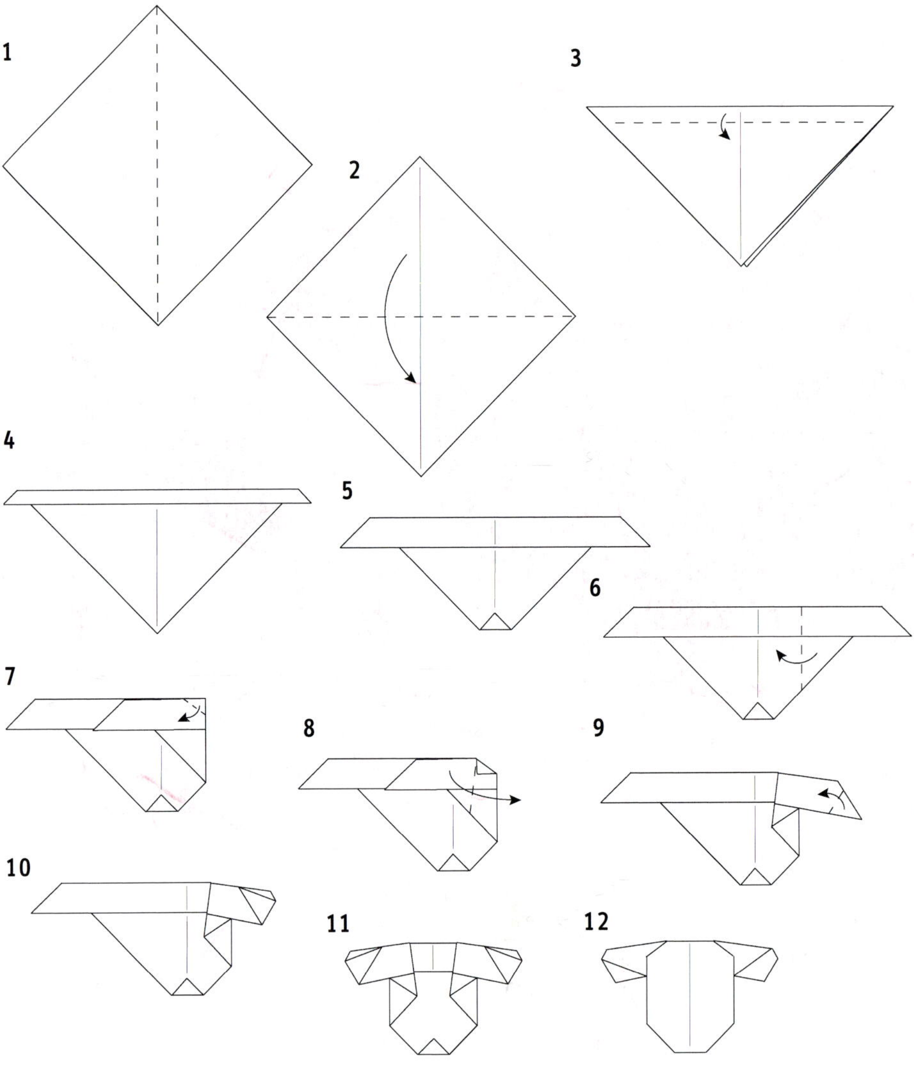

Elch- und Rentierkopf

ELCHKOPF

Seite 9

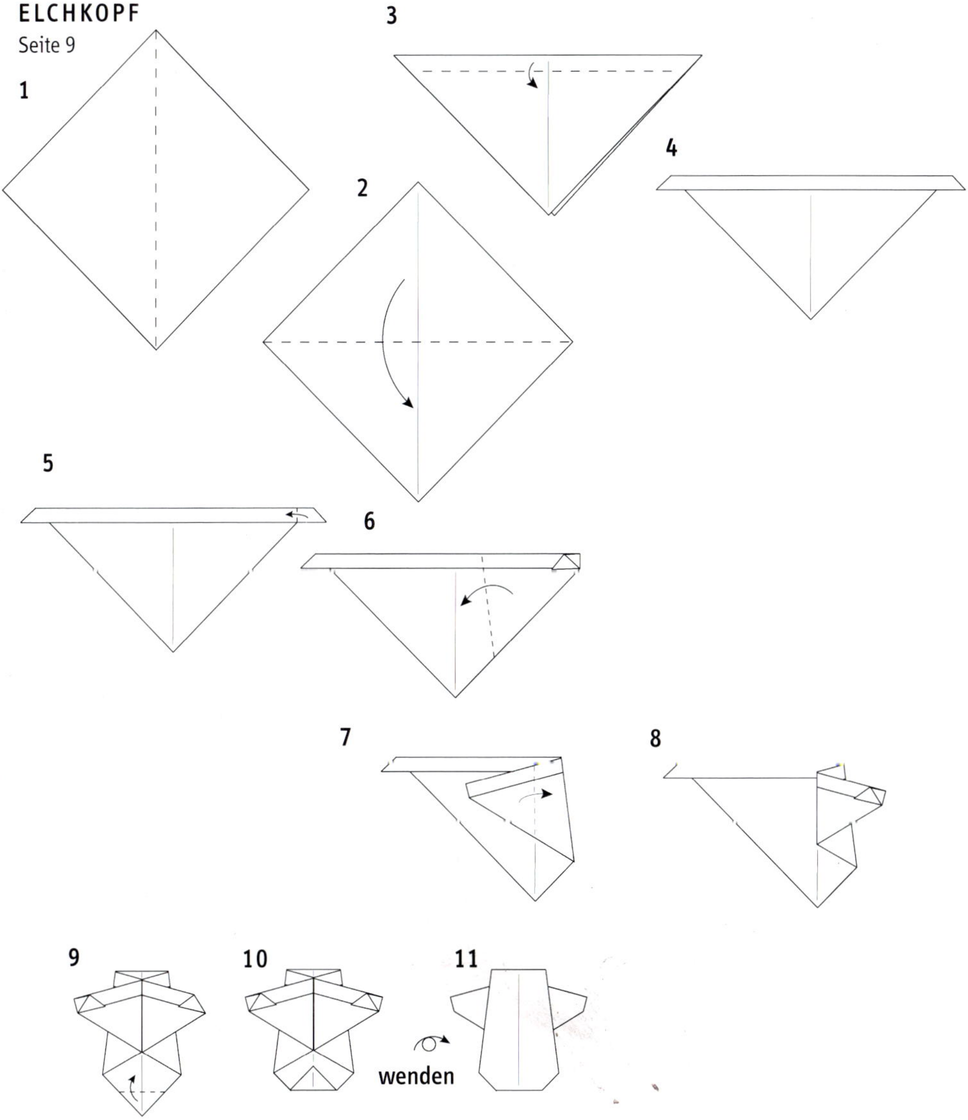

Elch- und Rentierkopf

Seite 9

Weihnachtswichtel

Seite 11

Kopf

1

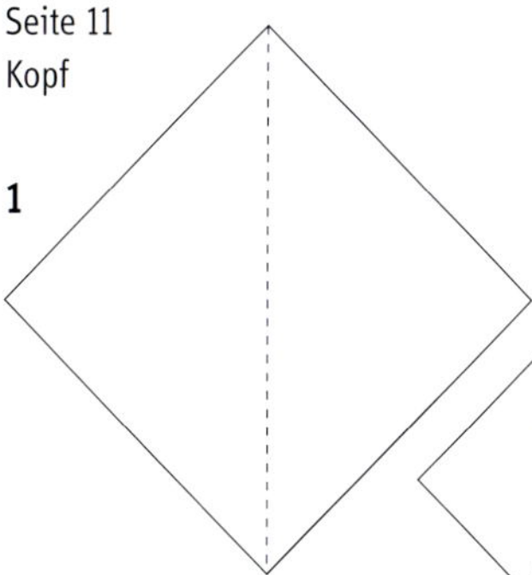

2

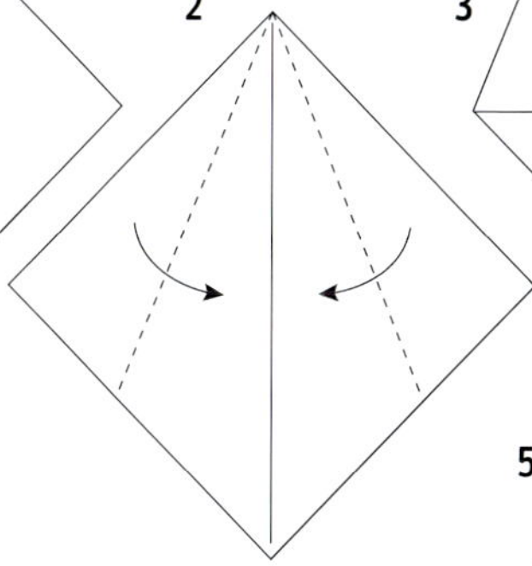

3

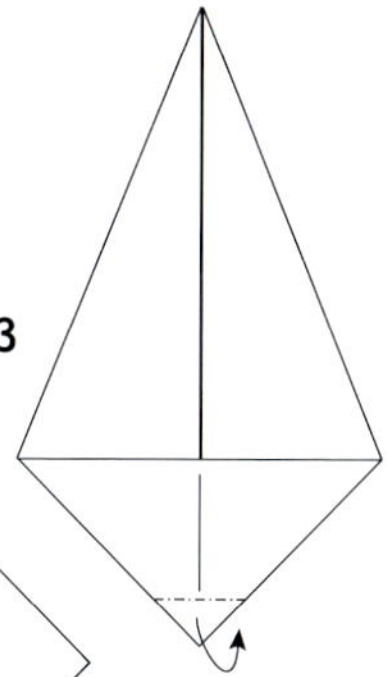

4

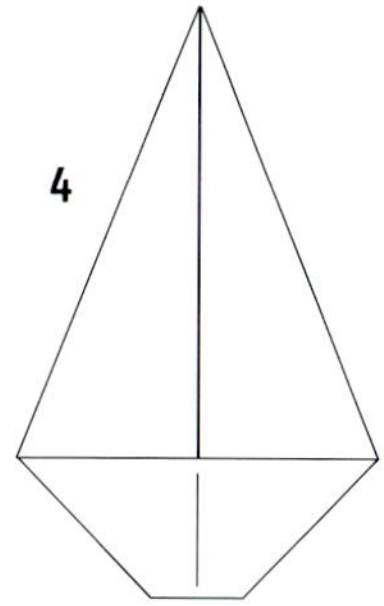

5

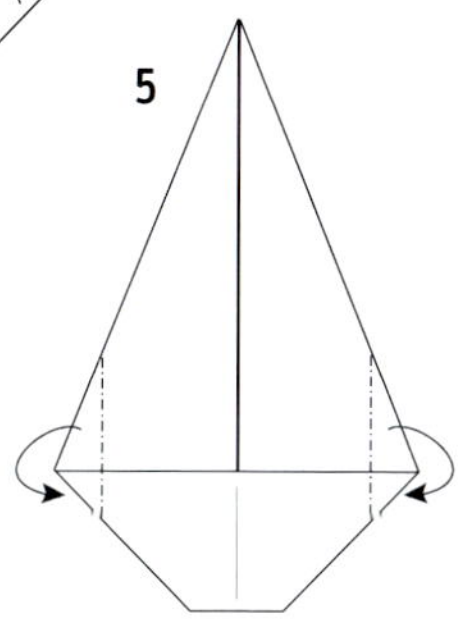

6

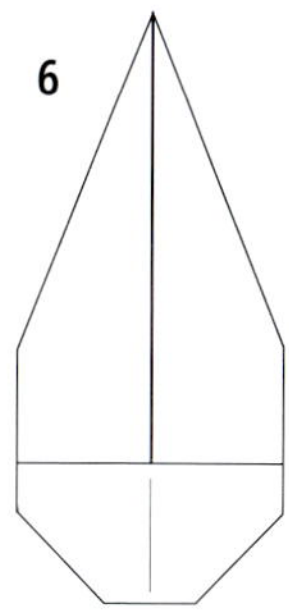

Rumpf

7

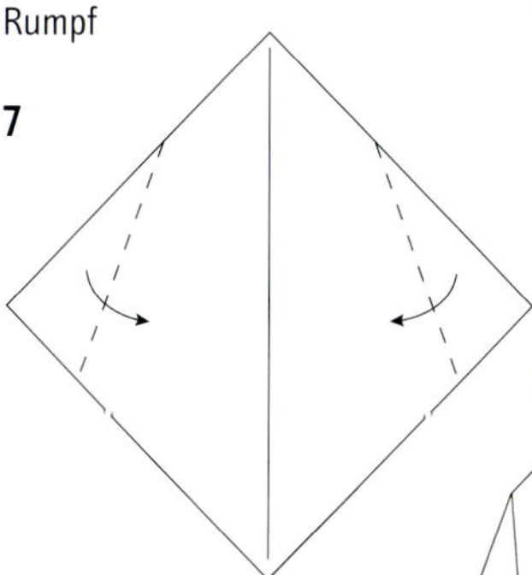

8

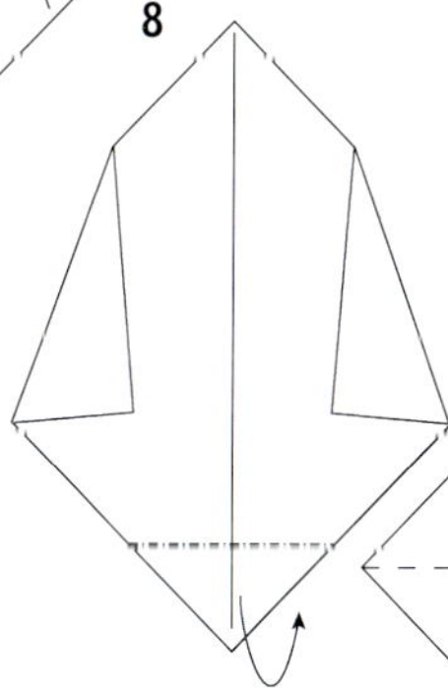

9

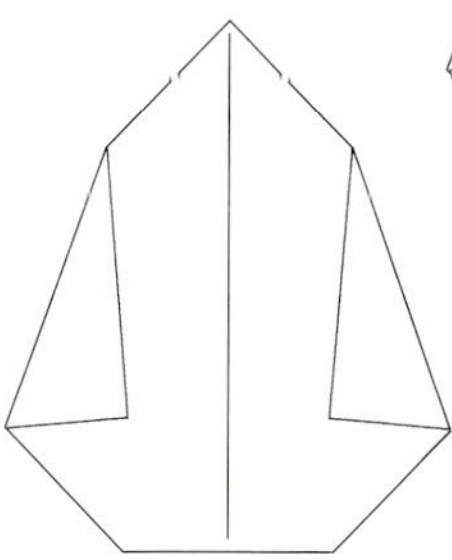

Füße

10

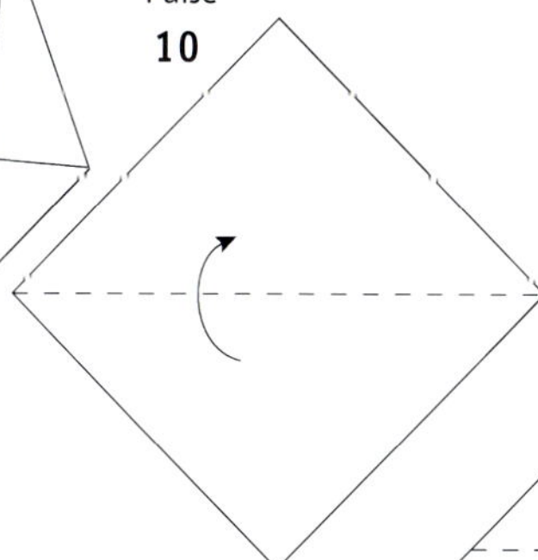

11

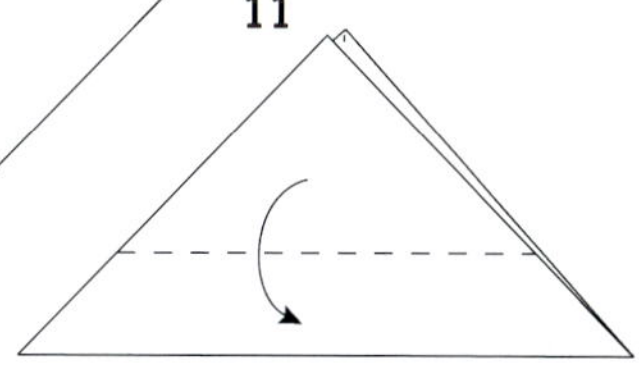

12

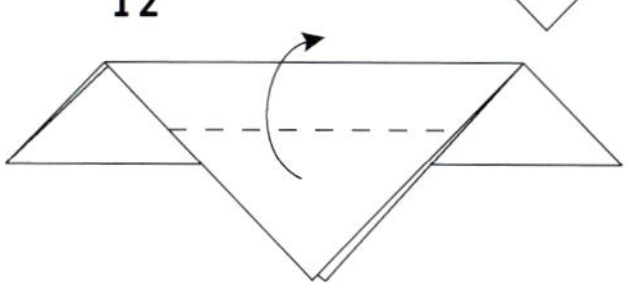

13

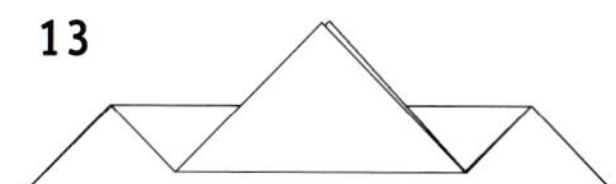

Origami-Sterne

STERN IN GELB

Seite 15

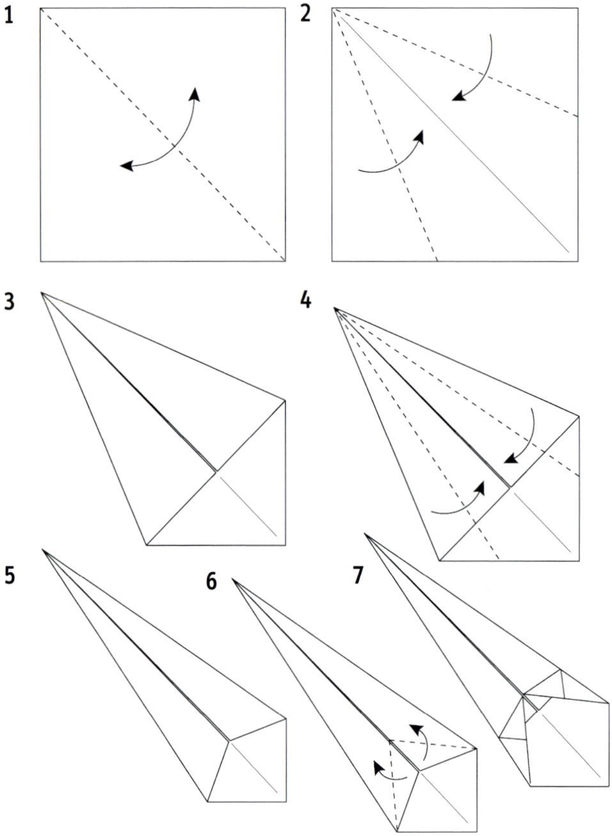

Origami-Sterne

STERN IN ORANGE

Seite 15

1

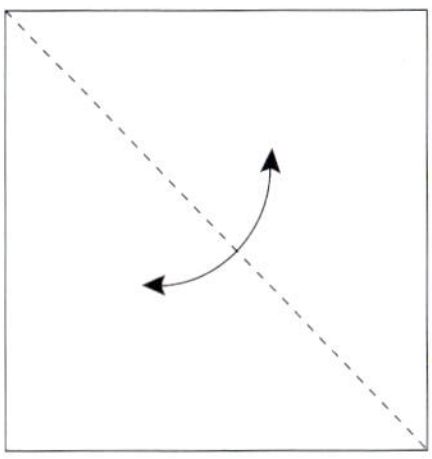

2

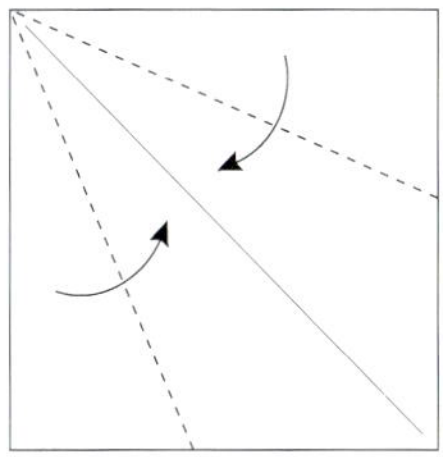

3

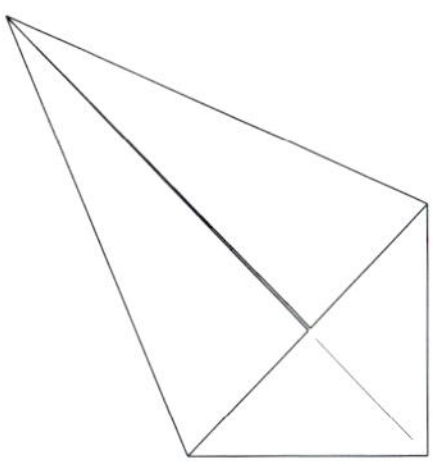

4

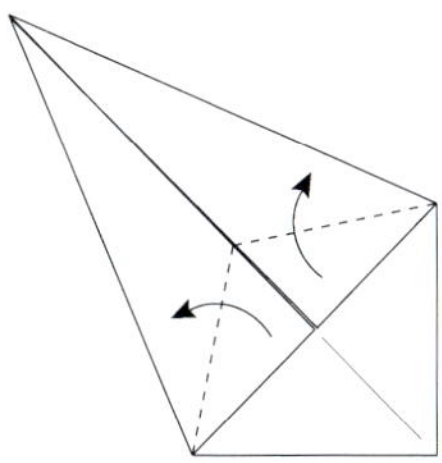

5

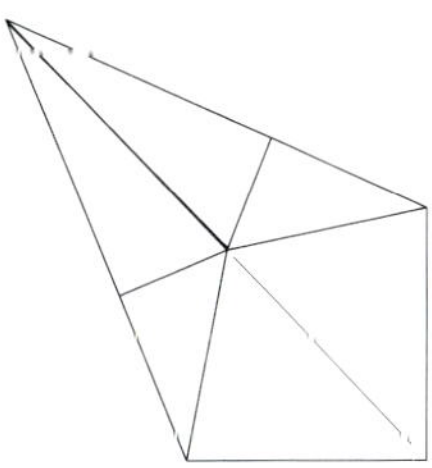

6

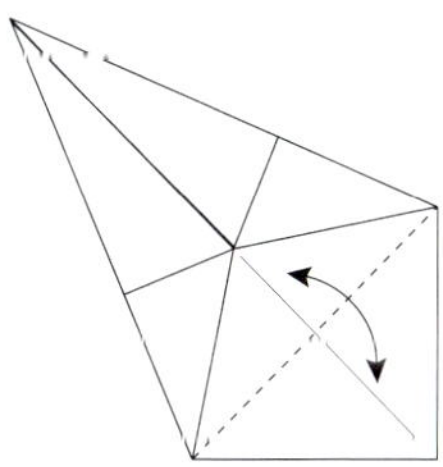

7

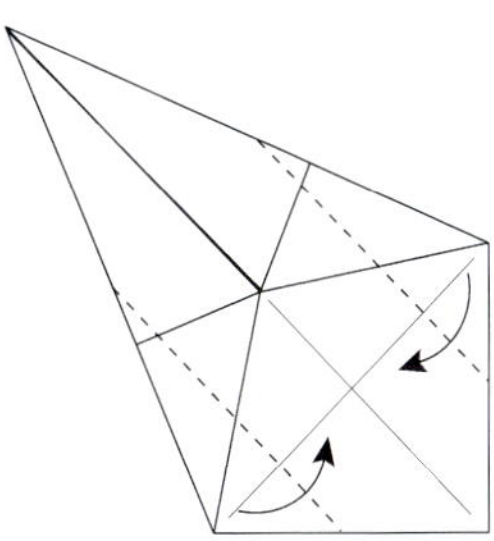

8

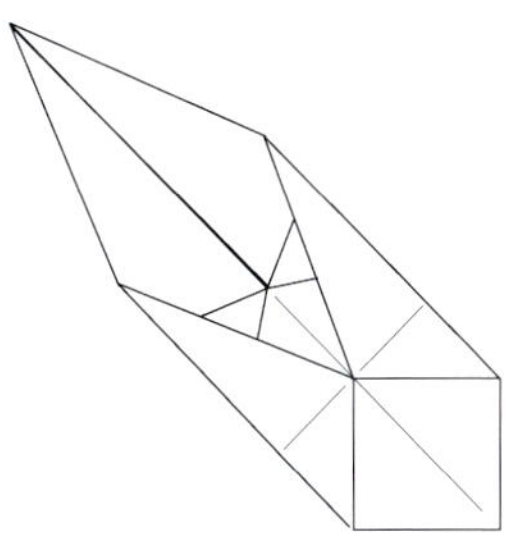

Weihnachtsmann

Seite 16

Körper

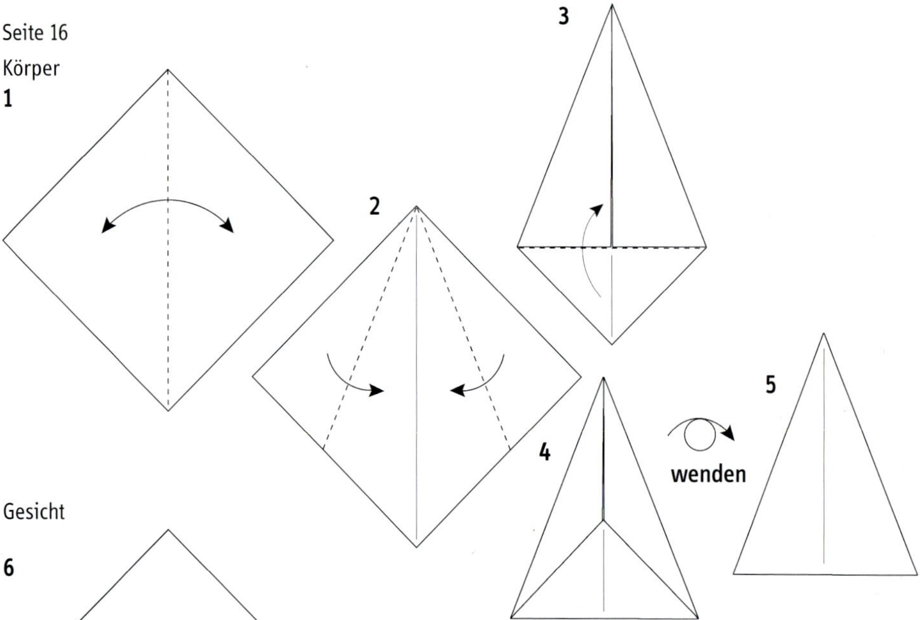

Gesicht

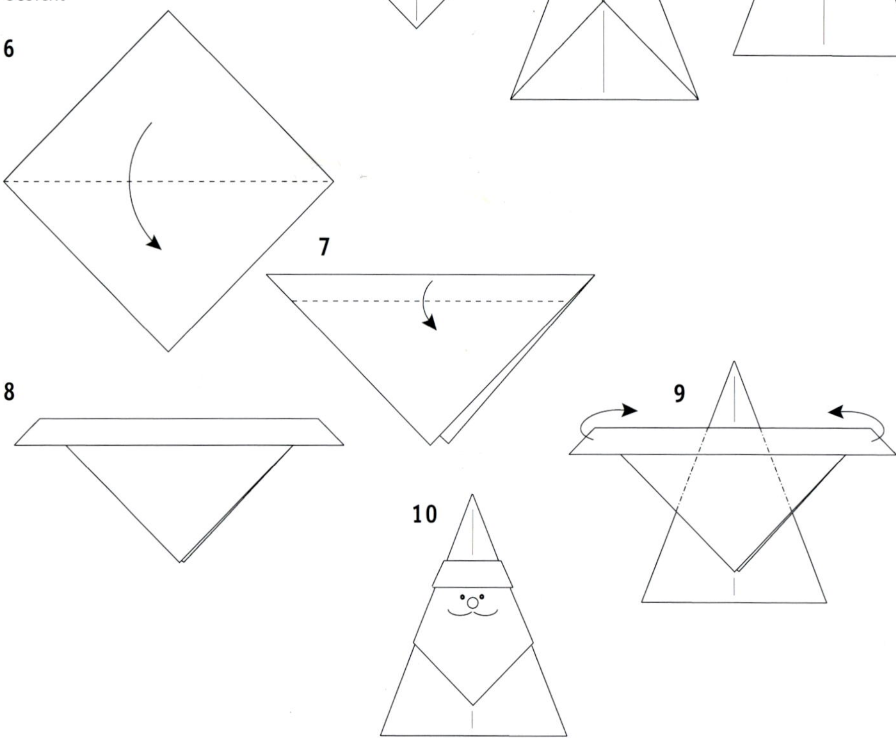

Elche

Seite 19

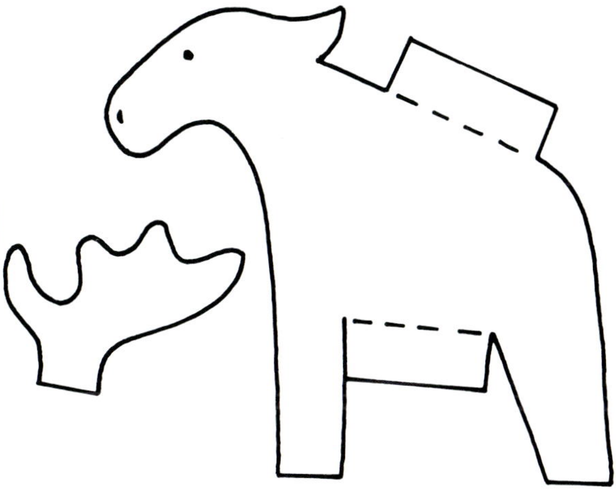

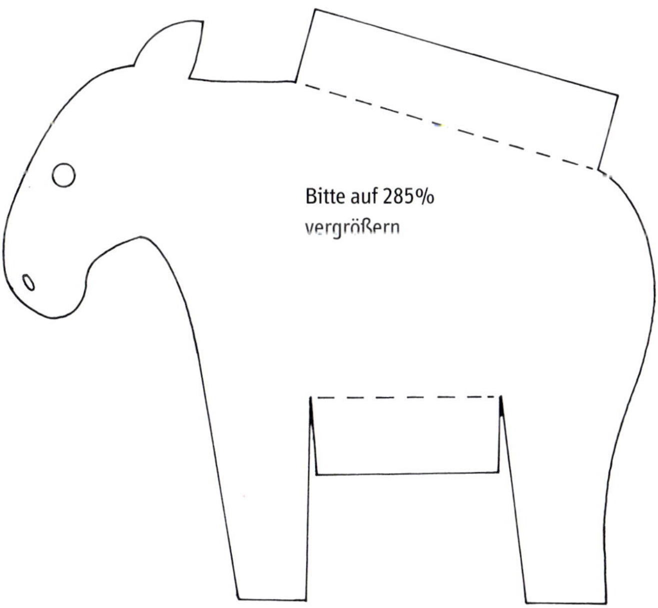

Plastische Tannen

Seite 13

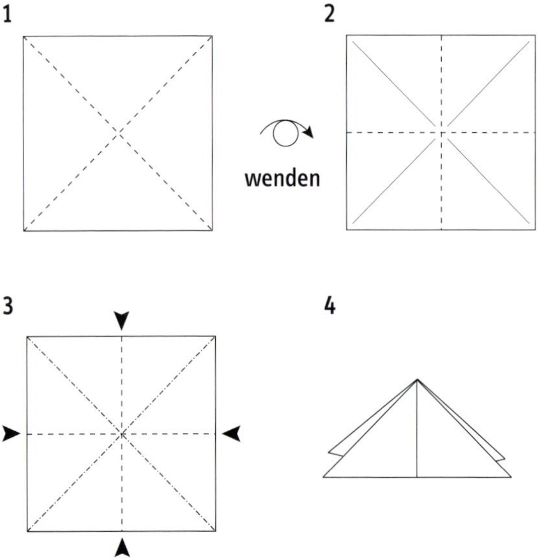

Heilige Drei Könige

Seite 23

Origami-Engel

Seite 25
Körper

1

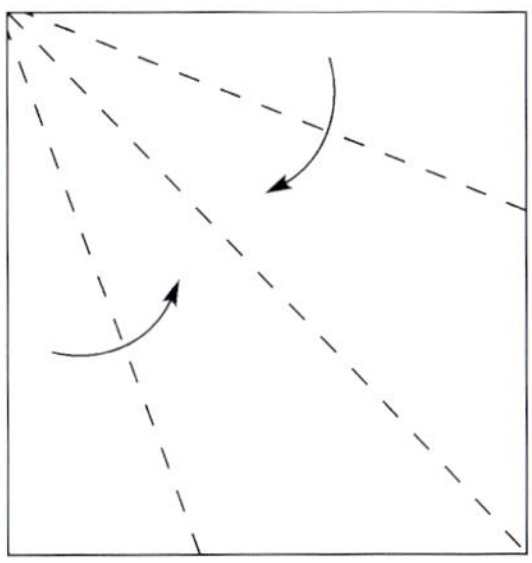

2

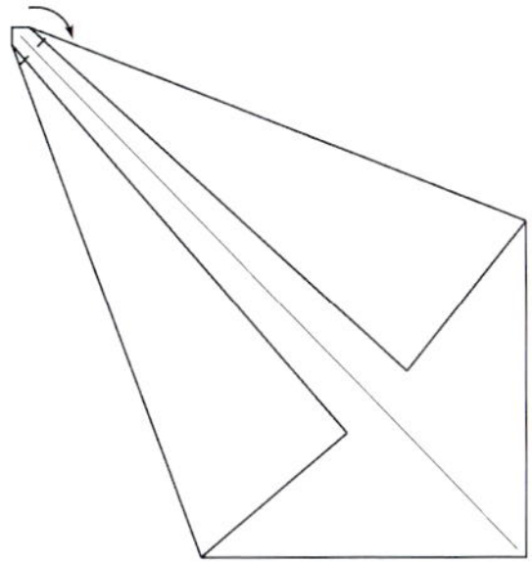

3

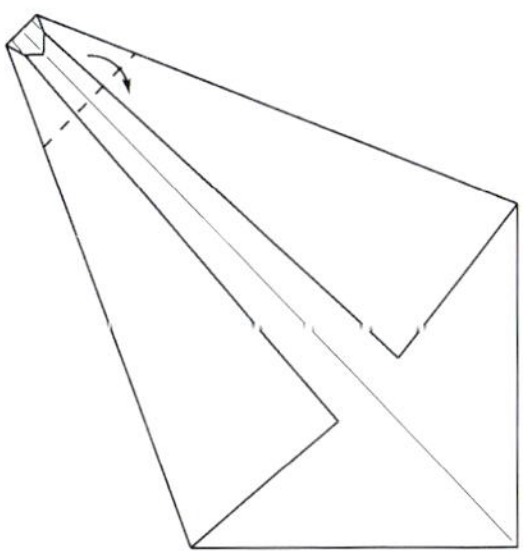

4

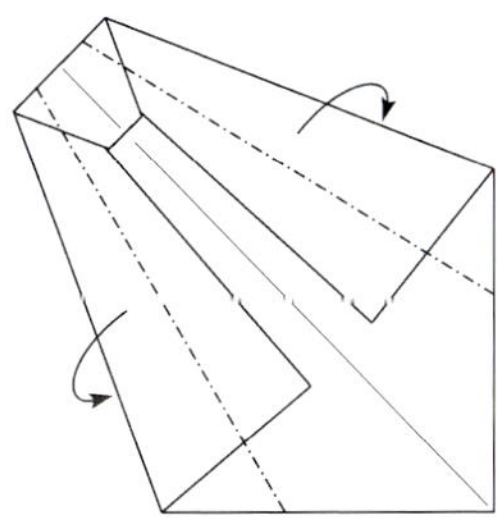

5

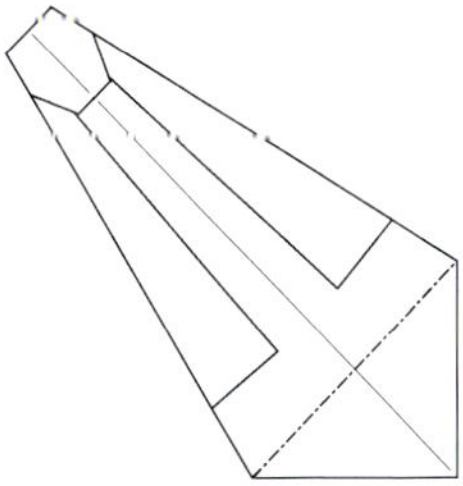

6

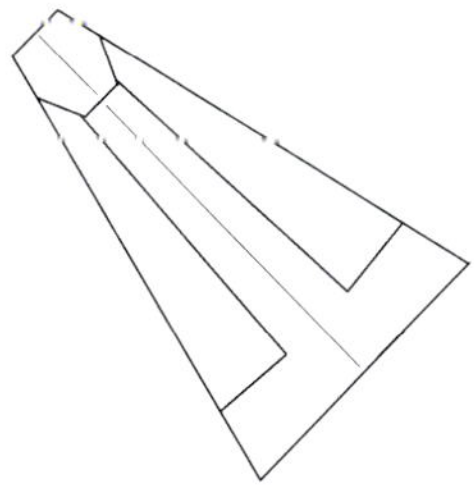

Origami-Engel

Seite 25

Flügel

7

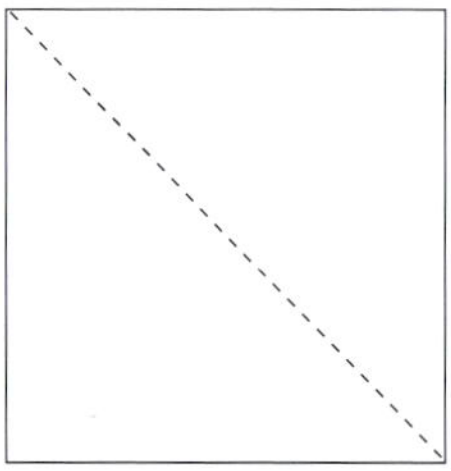

8

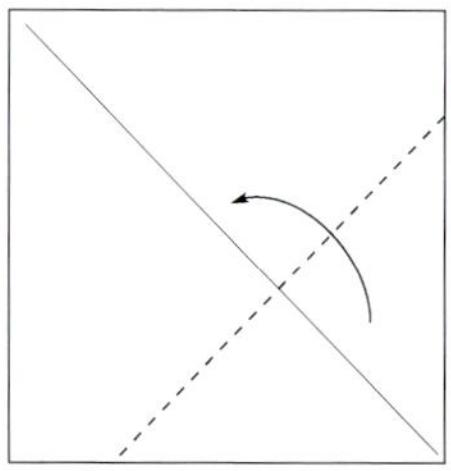

9

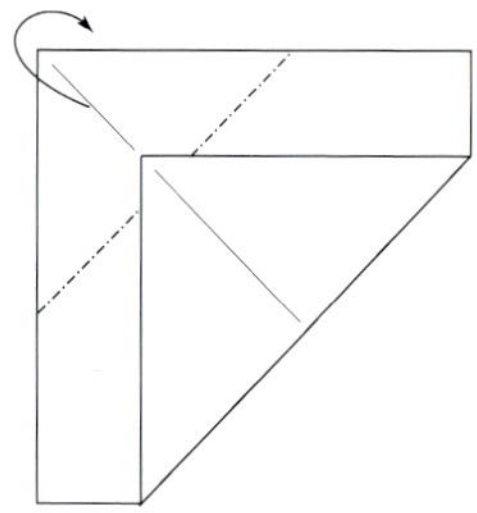

10

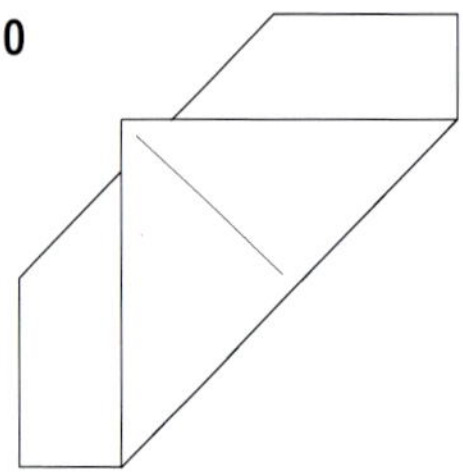

11

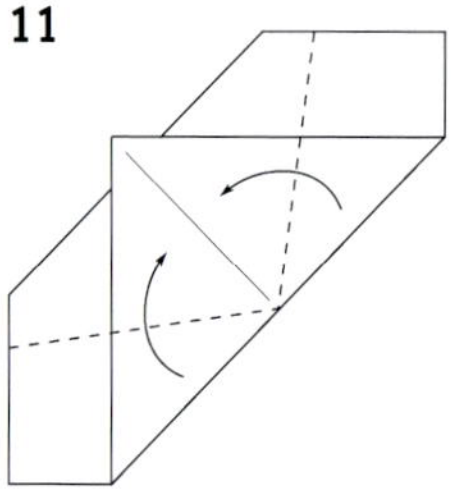

12

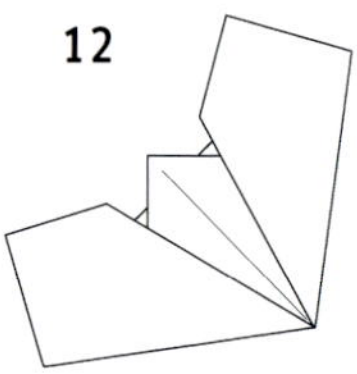

13

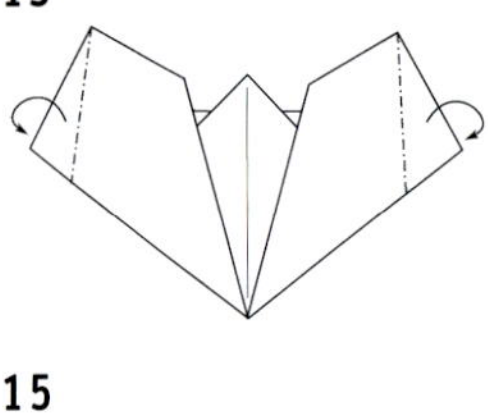

14

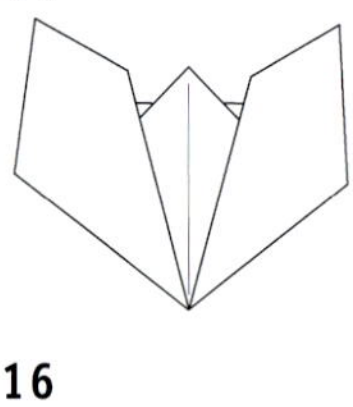

15

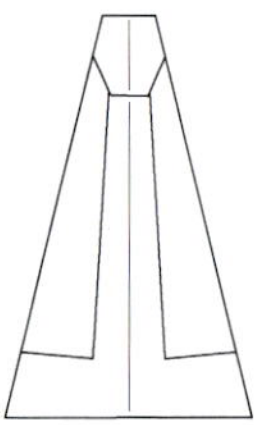

16

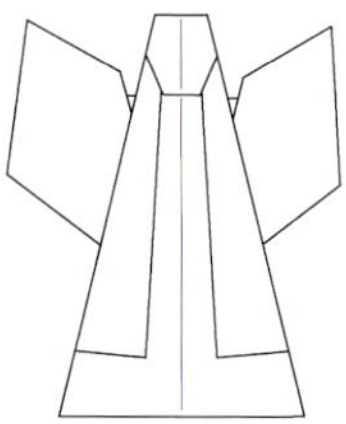

Glöckchen

Seite 27

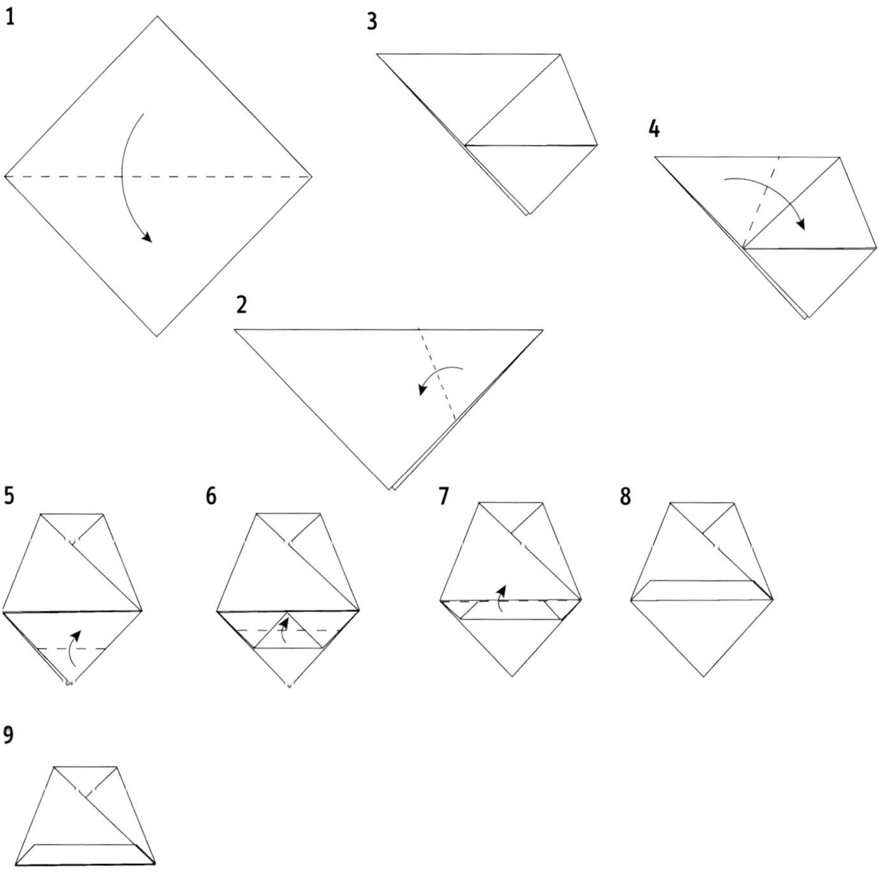

Edle Tännchen

Seite 29

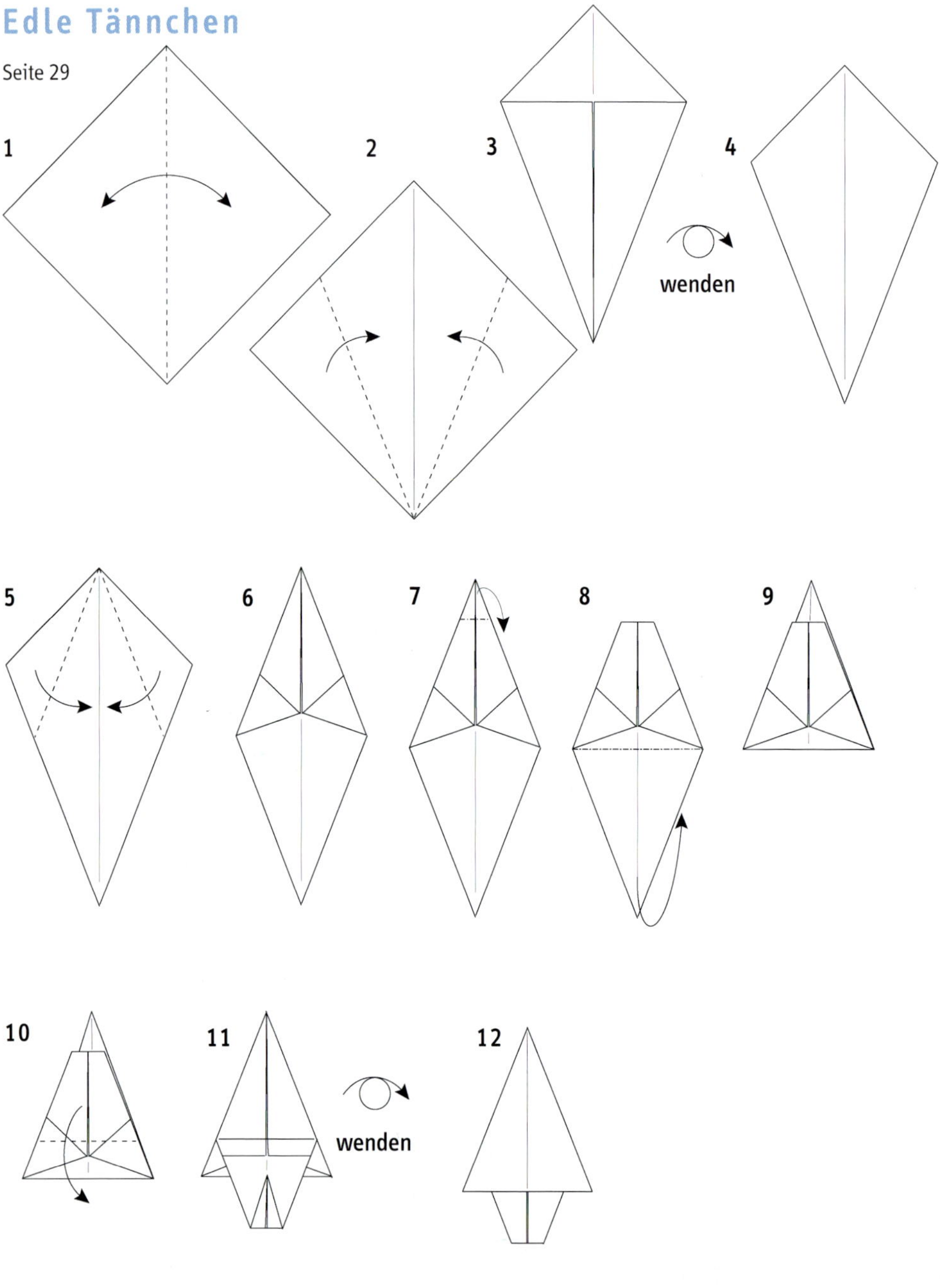

Tranparente Fenstersterne

STERN IN GELB

Seite 31

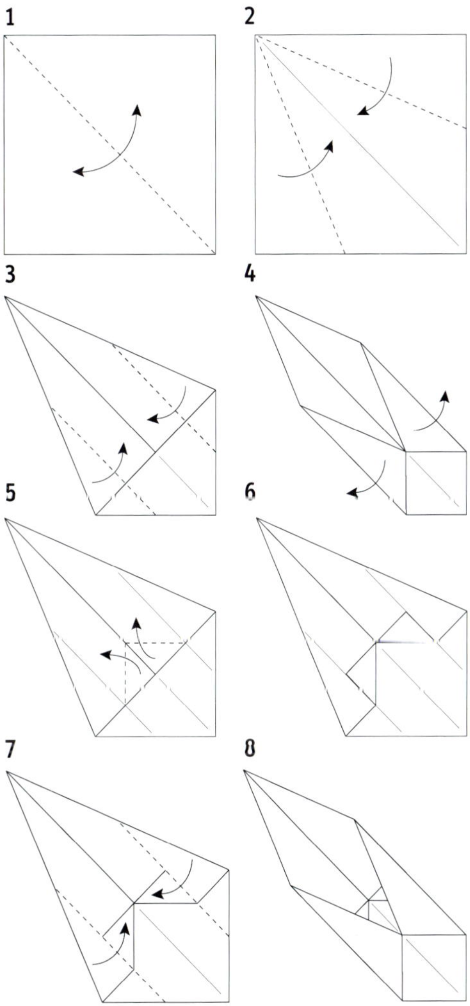

STERN IN ORANGE

Seite 31

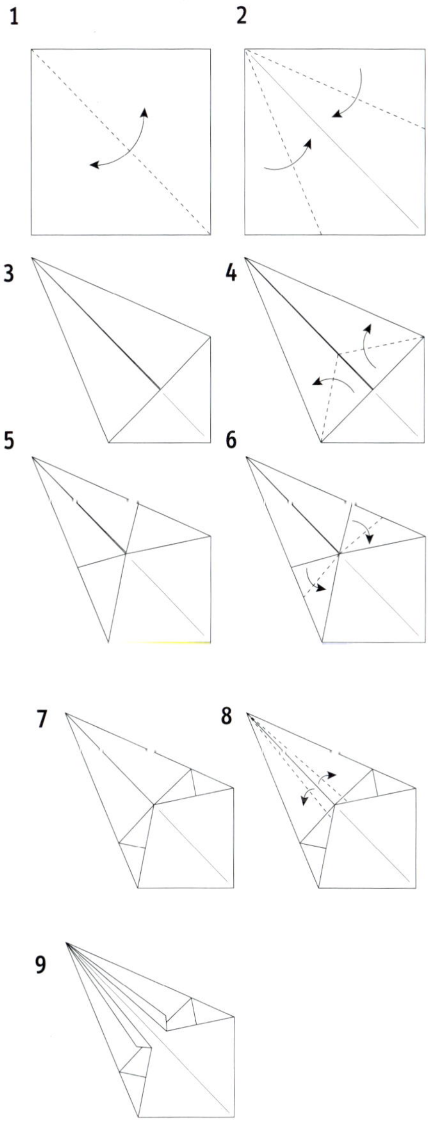

Tranparente Fenstersterne

STERN IN ROT

Seite 31

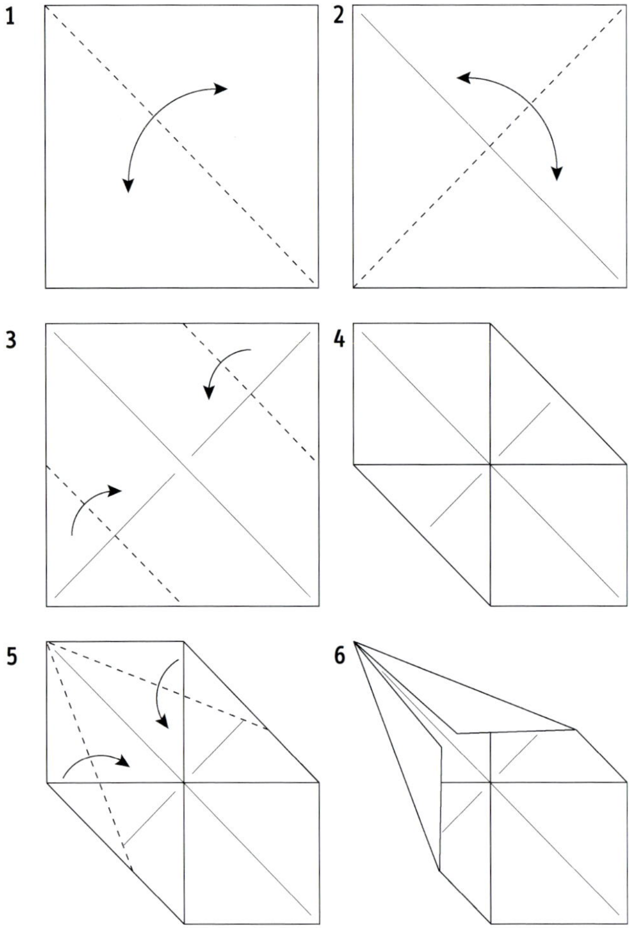

Armin Täubner

Weihnachtliche Faltideen

Aus Papier gefaltete Origami-Sterne, Engel und Co.

BEST.-NR. 3709

VORLAGENHEFT

MOTIVHÖHE
ca. 6 cm

MATERIAL
- Papierquadrat in Rot und Weiß, 6 cm x 6 cm
- Fotokarton in Dunkelgrün, 14 cm x 7 cm (Anhänger) oder 10 cm x 8 cm (Tischkärtchen)
- Konturenfarbe in Schwarz, Rot und Weiß
- ggf. Satinkordel, ø 2 mm, 40 cm lang (Anhänger)
- ggf. Lochzange (Anhänger)

VORLAGENHEFT SEITE 8

1 Für den Körper das rote Papierquadrat diagonal in der Mitte falten und wieder öffnen (Zeichnung 1).

2 Die beiden Seiten an den gestrichelten Linien zur Mittellinie falten (Zeichnung 2).

3 Die untere Ecke an der gestrichelten Linie nach oben falten und das entstandene Dreieck wenden (Zeichnungen 3, 4 und 5).

4 Für das Gesicht das weiße Papierquadrat diagonal in der Mitte falten (Zeichnung 6).

5 Den 1 cm breiten Mützensaum an der gestrichelten Linie nach unten falten (Zeichnungen 7 und 8).

6 Das weiße Papierteil auf das rote legen und die Seiten an den Strichpunktlinien nach hinten umklappen. Nase und Augen mit Konturenfarbe auftupfen und den Schnurrbart mit weißer Konturenfarbe andeuten (Zeichnungen 9 und 10).

7 Die Anhängerkarte bzw. die Tischkarte in der Mitte anritzen und zusammenfalten. Mit Konturenfarbe verzieren oder beschriften und den Weihnachtsmann aufkleben.

Tipp: Sie können den Weihnachtsmann auch größer anfertigen. Verwenden Sie dazu z. B. Papierquadrate mit 15 cm Kantenlänge.

Elche

→ skandinavische Weihnachtsgrüße

MOTIVHÖHE
ca. 23 cm

MATERIAL
- Fotokarton in Rot oder Rot-Weiß gestreift, A3
- Tonkartonrest in Weiß (Geweih)
- Holzperle in Rot, ø 6 mm (Augen)
- Hammer
- ggf. Lackmalstift in Weiß

VORLAGEN-HEFT SEITE 9

1 Von den beiden Motivteilen Schablonen anfertigen. Die Umrisse jeweils zweimal auf das Papier übertragen und ausschneiden.

2 Die Rumpfteile ggf. bemalen, dann die Klebestreifen an den gestrichelten Linien falten.

3 Die Klebestreifen eines Rumpfteils mit Klebstoff bestreichen und an das andere Rumpfteil kleben. Das Geweih zwischen die beiden Kopfhälften kleben.

4 Für die Augen die Holzperle spalten. Dazu die Perle auf eine Schneideunterlage oder ein Brettchen legen, die Cutter- oder Messerklinge auf die Bohrung der Perle auflegen und die Perle mit einem leichten Hammerschlag spalten. Die Augen aufkleben.

Tipp: **Im Vorlagenheft finden Sie zusätzlich eine Vorlage für einen kleinen Elch (ca. 8 cm hoch, siehe auch Titelseite).**

Heilige Familie

→ Maria und Joseph

MOTIVHÖHE
ca. 6 cm (Maria und Josef)

MATERIAL

- je 2 Tonpapierstreifen in Pink, Hellblau und Braun, 2 cm breit, 50 cm lang
- Tonpapierstreifen in Schwarz, 2 cm breit, 9 cm lang (Haare)
- 2 Tonpapierstreifen in Weiß, 1 cm breit, 19 cm lang
- 2 Wattekugeln, ø 2 cm
- Wattekugel, ø 1 cm (Jesus)
- Acrylfarbe in Hautfarbe und Schwarz
- 3 Schaschlikstäbchen
- Pinsel

1 Für die Krippe und die Körper der Figuren Hexentreppen anfertigen. Dazu jeweils die entsprechenden Papierstreifen an einem Ende rechtwinklig aufeinander kleben und dann immer den unten liegenden Streifen über den oben liegenden Streifen falten (siehe Seite 3). Für das Jesuskind die gesamten Papierstreifen falten, für Maria und Joseph jeweils eine Hexentreppe mit neun Zacken, für die Krippe eine Hexentreppe mit sieben Zacken anfertigen.

2 Nun an den Hexentreppen für die Krippe sowie für Maria und Joseph jeweils das kürzere Ende der überstehenden Papierstreifen abschneiden. Das andere Ende der Länge nach um die Hexentreppe falten (siehe Schrittfotos). Dazu bei Maria und Joseph den Streifen nach 4 cm, nach 2 cm und wieder nach 4 cm falten. Bei der Krippe den Streifen nach 3,2 cm, nach 2 cm und wieder nach 3,2 cm falten. Die Enden jeweils ankleben und abschneiden.

3 Für die Arme der Figuren zwei 3,5 cm lange und 1 cm breite Papierstreifen aus den Resten ausschneiden, an einer Seite für die Hände abrunden und seitlich in den Rumpf einkleben.

4 Die Köpfe auf ein Schaschlikstäbchen stecken und mit Acrylfarbe bemalen. Die Gesichter mit Bleistift aufzeichnen, dann die Köpfe auf die Körper kleben. Den schwarzen Tonpapierstreifen an den Ecken etwas abrunden und an Maria als Haare anbringen. Das Jesuskind auf die Krippe legen.

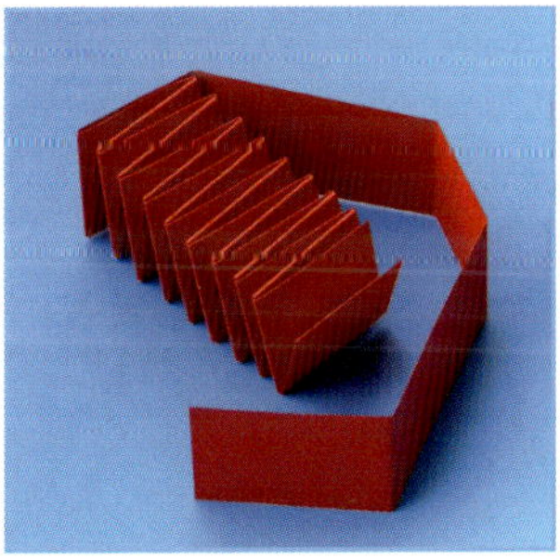

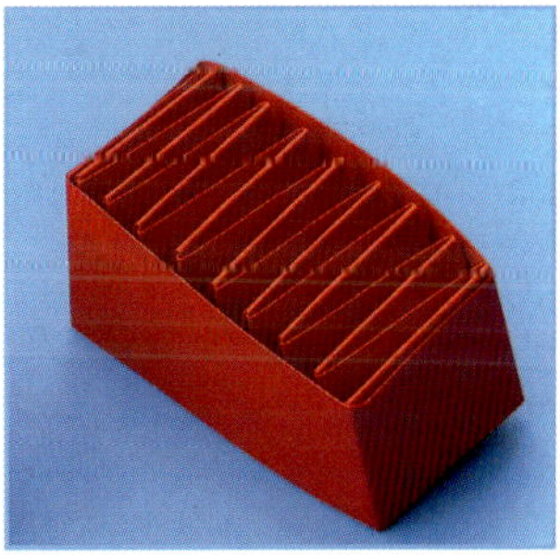

Wichtig: Dadurch, dass die Papierstreifen stets in die gleiche Richtung gefaltet werden, verdrehen sich die Hexentreppen ein wenig und dehnen sich nach einigen Tagen etwa um ein Drittel. Durch das Umkleben mit den langen Streifenenden werden sie stabilisiert und können sich nicht mehr dehnen.

Heilige Drei Könige

→ auf dem Weg nach Bethlehem

MOTIVHÖHE
ca. 6 cm

MATERIAL

- je 2 Tonpapierstreifen in Rot, Blau und Grün, 2 cm breit, 50 cm lang
- Tonpapierstreifen in Gold, 2 x 1,5 cm breit und 14 cm lang, 1 x 2 cm breit und 9 cm lang sowie 1 x 1 cm breit und 13 cm lang
- Tonpapierrest in Gold
- 3 Wattekugeln, ø 2 cm
- Rundholzstäbchen, 10 cm lang
- Konturenfarbe in Rot und Gold
- Acrylfarbe in Hautfarbe, Ocker, Dunkelbraun und Schwarz
- Pinsel
- Zackenschere

VORLAGENHEFT SEITE 10

1 Für die drei Könige wie bei Maria bzw. Josef auf der vorherigen Seite beschrieben die Körper und die Arme anfertigen sowie die Köpfe bemalen.

2 Die Kronen aus goldfarbenem Tonpapier anfertigen. Dazu die Vorlage für die Krone des grünen Königs übertragen und ausschneiden. Für die Krone des roten Königs einen 2 mm breiten und 7,5 cm langen Streifen ausschneiden. Für die Krone des blauen Königs einen 7,5 cm langen Streifen an einer Schmalseite mit der Zackenschere nachschneiden.

3 Auf die Kronen mit Konturenfarbe kleine Punkte auftupfen. Nach dem Trocknen die Streifen zu Ringen zusammenkleben und auf den Köpfen fixieren.

4 Für die Geschenke zwei Hexentreppen aus den goldfarbenen Papierstreifen anfertigen. Das Geschenk des roten Königs aus den gleich breiten und gleich langen Streifen falten, das Geschenk des grünen Königs aus dem 2 cm breiten und dem 1 cm breiten Streifen. Beim ersten Geschenk den letzten Faltabschnitt festkleben, beim zweiten Geschenk nach oben klappen und mit der Schere abrunden.

5 Die Geschenke mit Konturenfarbe verzieren. Den Stern mithilfe der Vorlage ausschneiden und an das Rundholzstäbchen kleben. Den Stab und die Geschenke zwischen die Hände der Könige kleben. Zuletzt die Köpfe auf den Körpern fixieren.

Origami-Engel

→ stilvoll

MOTIVHÖHE
ca. 13,5 cm

MATERIAL
- 2 zweifarbige Papierquadrate, 15 cm x 15 cm

VORLAGENHEFT SEITE 11+12

1 Für den Körper das erste Papierquadrat diagonal in der Mitte falten und wieder öffnen, dann die Seiten an den gestrichelten Linien nach innen, aber nicht bis zur Mittellinie falten (Zeichnungen 1 und 2). Der Abstand zwischen den beiden Seiten beträgt oben ca. 5 mm und unten ca. 3 cm.

2 Nun die obere Spitze etwa 1 cm weit nach unten schlagen und dann an der gestrichelten Linie nochmals nach unten falten (Zeichnung 3).

3 Die Seiten an den Strichpunktlinien nach hinten umfalten. Die Seiten berühren sich oben, unten beträgt der Abstand ca. 3 cm (Zeichnung 4). Nun die untere Spitze ebenfalls an der Strichpunktlinie nach hinten umfalten (Zeichnungen 5 und 6).

4 Für die Flügel das zweite Papierquadrat diagonal falten und wieder öffnen (Zeichnung 7). Dann die untere rechte Ecke an der gestrichelten Linie nach oben falten, sodass die Spitze etwas über die Mitte des Papierquadrats reicht (Zeichnung 8).

5 Die gegenüber liegende Ecke an der Strichpunktlinie nach hinten umfalten (Zeichnungen 9 und 10). Anschließend die Seiten an den gestrichelten Linien nach innen falten (Zeichnungen 11 und 12).

6 Zuletzt die Spitzen der Seiten an den Strichpunktlinien nach hinten umfalten (Zeichnungen 13 und 14) und den Flügel von hinten auf den Körper des Engels kleben (Zeichnungen 15 und 16).

Glöckchen

→ traditionelle Faltkunst

MOTIVHÖHE
große Glocke ca. 8 cm
kleines Glöckchen ca. 4 cm

MATERIAL GLÖCKCHEN
- Papierquadrat in Blau-Silber oder Rot-Silber, 15 cm x 15 cm bzw. 6 cm x 6 cm
- Lurexkordel in Silber, ø 2–3 mm, 30 cm lang
- Holzperlen in Rot oder Blau, ø 8 mm und 1,2 cm bzw. 6 mm und 8 mm

ZUSÄTZLICH FÜR KARTE
- Fotokarton in Weiß, 20 cm x 17 cm
- Origamipapier in Blau, 8,5 cm x 15 cm
- ggf. Abstandsband

ZUSÄTZLICH FÜR TISCHKARTE
- Fotokarton in Weiß, 21 cm x 8,5 cm
- Origamipapier in Blau, 9,5 cm x 2 cm
- Papierrest in Weiß (Namensschild)
- Abstandsband

VORLAGENHEFT SEITE 13

Glöckchen

1 Das Papierquadrat diagonal falten (Zeichnung 1). Die rechte Ecke an der gestrichelten Linie nach links falten, dabei verläuft die Unterkante dieser Ecke parallel zum oberen Rand (Zeichnungen 2 und 3). Anschließend die linke Ecke ebenso nach rechts falten (Zeichnung 4).

2 Die obere Lage der unteren Spitze an der gestrichelten Linie nach oben falten (Zeichnungen 5 und 6) und nochmals zweimal nach oben schlagen (Zeichnungen 7 und 8). Das Papier wenden und die andere Seite ebenso falten (Zeichnung 9).

3 Oben an der Glocke eine kleine Öffnung für die Kordel einschneiden. Die Kordel durchziehen, die beiden Holzperlen auffädeln und mit Klebstoff fixieren.

Karte

Das weiße Kartonrechteck in der Mitte leicht anritzen und zur Doppelkarte falten. Das blaue Papierrechteck aufkleben. Zwei Glöckchen wie oben beschrieben aus 6 cm x 6 cm großen Papierquadraten anfertigen und entweder direkt auf die Karte kleben oder mit Abstandsband fixieren.

Tischkarte

Das weiße Kartonrechteck in der Mitte leicht anritzen, zur Doppelkarte falten und die rechte obere Ecke mit der Schere abrunden. Aus weißem Papier ein Namensschild anfertigen und zusammen mit dem blauen Papierstreifen auf die Karte kleben. Ein Glöckchen wie oben beschrieben aus einem 6 cm x 6 cm großen Papierquadrat anfertigen und wie bei der Karte beschrieben aufkleben.

ANNA

Edle Tännchen

→ weihnachtlich herausgeputzt

MOTIVHÖHE
ca. 5,5 cm

MATERIAL ANHÄNGER

- Papierquadrat in Grün-Weiß, 6 cm x 6 cm
- Fotokarton in Weiß, 12 cm x 8 cm
- Crushpapier in Rot, 5 cm x 7 cm
- Metallsternchen, ø 1 cm
- Konturenfarbe in Rot
- Satinkordel in Rot, ø 2 mm, 40 cm lang
- Lochzange

KÄRTCHEN

- Papierquadrat in Grün-Weiß, 6 cm x 6 cm
- Fotokarton in Weiß, 6,5 cm x 6,5 cm
- Crushpapier in Rot, 5,5 cm x 5,5 cm
- 3 Metallsternchen, ø 1 cm
- Konturenfarbe in Rot

VORLAGENHEFT SEITE 14

Anhänger

1 Das Papierquadrat nehmen (die weiße Seite liegt oben), diagonal falten und wieder öffnen (Zeichnung 1). Dann die Seiten zur Mittellinie falten und das Papier wenden (Zeichnungen 2, 3 und 4).

2 Die Seiten wieder zur Mittellinie falten, sodass eine Raute entsteht (Zeichnungen 5 und 6). Nun zuerst die obere, dann die untere Spitze an der Strichpunktlinie nach hinten umfalten (Zeichnungen 7, 8 und 9).

3 Für den Stamm die obere Lage an der gestrichelten Linie nach unten falten (Zeichnung 10 und 11). Die fertige Tanne wenden und mit Konturenfarbe kleine Punkte aufmalen.

4 Den Fotokarton in der Mitte leicht anritzen und zur Karte falten. Das Crushpapier aufkleben und das Tännchen zusammen mit dem Stern darauf fixieren. In der linken oberen Ecke ein Loch einstanzen und die Kordel befestigen.

Kärtchen

Das Tännchen wie beim Anhänger beschrieben anfertigen. Den Fotokarton in der Mitte leicht anritzen und zur Karte falten. Das Crushpapier aufkleben und das Tännchen sowie die Metallsterne darauf anbringen.

Transparente Fenstersterne

→ ein bunter Blickfang

MOTIVHÖHE
ca. 39 cm

MATERIAL PRO STERN

- Seidenraupen-Transparentpapier in Gelb, Orange oder Rot, 8 x 14 cm x 14 cm

VORLAGEN-HEFT SEITE 15+16

Stern in Rot

1 Ein Papierquadrat diagonal falten, wieder öffnen, um 90° drehen und erneut diagonal falten und wieder öffnen (Zeichnungen 1 und 2).

2 Zwei gegenüber liegende Ecken an den gestrichelten Linien zur Mitte falten (Zeichnungen 3 und 4).

3 Zwei Seiten zu einer Spitze nach innen, jedoch nicht ganz bis zur Mittellinie falten (Zeichnungen 5 und 6).

4 Die restlichen sieben Sternzacken ebenso falten. Dann die stumpfen Spitzen aufeinander kleben. Dazu immer nur eine Hälfte der stumpfen Spitze bis zur Mittellinie mit Klebstoff bestreichen und die nächste Spitze versetzt aufkleben (siehe Schrittfoto).

Stern in Orange

1 Ein Papierquadrat diagonal falten, wieder öffnen und dann die Seiten bis zur Mittellinie falten (Zeichnungen 1, 2 und 3).

2 Die beiden innen liegenden Ecken an den gestrichelten Linien nach außen falten (Zeichnungen 4 und 5). Dann die Spitzen der Ecken an den gestrichelten Linien nach unten falten (Zeichnungen 6 und 7).

3 Von der Zackenmitte zu beiden Seiten hin jeweils einen schmalen Streifen nach außen falten (Zeichnungen 8 und 9).

4 Die restlichen sieben Sternzacken ebenso falten. Dann die stumpfen Spitzen wie beim roten Stern in Schritt 4 beschrieben aufeinander kleben.

WEITERFÜHRUNG

Transparente Fenstersterne

Stern in Gelb

1 Ein Papierquadrat diagonal falten, wieder öffnen und dann die Seiten bis zur Mittellinie falten (Zeichnungen 1, 2 und 3).

2 Die beiden seitlichen Zacken so zur Mittellinie falten, dass die Zackenränder parallel zur Mittellinie verlaufen, und wieder öffnen (Zeichnungen 3 und 4).

3 Die beiden Ecken von der Mitte schräg nach oben falten (Zeichnungen 5 und 6).

4 Die beiden Seiten wieder zur Mitte falten (Zeichnungen 7 und 8).

4 Die restlichen sieben Sternzacken ebenso falten. Dann die kleinen Spitzen wie beim roten Stern (S. 30, Schritt 4) beschrieben aufeinanderkleben.

DIESES BUCH ENTHÄLT EIN 16-SEITIGES VORLAGENHEFT
Hilfestellung zu allen Fragen, die Materialien und Bastelbücher betreffen: Frau Erika Noll berät Sie.
Rufen Sie an: 05052/911858*
*normale Telefongebühren

IMPRESSUM

FOTOS: frechverlag GmbH, 70499 Stuttgart; Armin Täubner (alle Schrittfotos und Freisteller), Fotostudio Ullrich & Co., Renningen (alle Modellfotos und Titelfoto)
DRUCK: frechdruck GmbH, 70499 Stuttgart

Auflage: 5. 4. 3. 2.
Jahr: 2012 2011 2010 2009 2008 [Letzte Zahlen maßgebend]

ISBN 978-3-7724-3709-0
Best.-Nr. 3709